Vente le Lundi 31 Janvier 1870

Exemplaire de Barre (handwritten)

COLLECTION

D'OBJETS DE CURIOSITE

DES XVIᵉ, XVIIᵉ & XVIIIᵉ SIÈCLES

Arrivant de l'Étranger

EXPOSITION

Le Dimanche 30 Janvier 1870, de 1 heure à 5 heures

Mᵉ **COUTURIER**, Commissaire-Priseur

M. **EMILE BARRE**, Expert

PARIS — 1870

RENOU ET MAULDE

IMPRIMEURS DE LA COMPAGNIE DES COMMISSAIRES-PRISEURS

Rue de Rivoli, 144

CATALOGUE

D'UNE INTÉRESSANTE COLLECTION

D'OBJETS D'ART

ET

D'AMEUBLEMENT

DES XVIe, XVIIe ET XVIIIe SIÈCLES

Bronzes, Émaux, Bois, Ivoires, Fers, Orfévrerie
Bijoux et Tabatières
Miniatures et Dessins, Porcelaines de Saxe
et de Sèvres
Faïences de Perse et Italiennes

MEUBLES EN BOIS DE ROSE ET MARQUETERIE

LE TOUT ARRIVANT DE L'ÉTRANGER

DONT LA VENTE AURA LIEU

HOTEL DROUOT

SALLE N° 7

Le Lundi 31 Janvier 1870

A DEUX HEURES

Par le ministère de Me **COUTURIER**, Commissaire-Priseur,
rue Drouot, 21,

Assisté de **M. Émile BARRE**, Expert, rue de la Chaussée-d'Antin, 20.

EXPOSITION PUBLIQUE

Le Dimanche 30 Janvier 1870, de une heure à cinq heures

PARIS — 1870

CONDITIONS DE LA VENTE

Elle sera faite au comptant.

Les Acquéreurs paieront CINQ POUR CENT en sus du prix d'adjudication.

L'Exposition mettant le public à même de se rendre compte de l'état des Objets, il ne sera admis aucune réclamation après l'adjudication prononcée.

DÉSIGNATION

Bronzes et Fers

1 — Charmante petite Pendule Louis XVI en bronze doré et marbre blanc à figures. *150*

2 — ~~Très-joli Lustre en fer repoussé et peint (fin du XVIe siècle).~~

3 — Deux Lions en bronze. Travail italien du XVIe siècle. *30*

4 — Boîte en bronze. Travail à jour du XVIe siècle. *30*

5 — Très-belle Statuette en bronze antique. *100*

6 — Deux belles Appliques en bronze doré. *130*

7 — Brûle-parfums en cuivre repoussé (Louis XIII). *60*

8 — Plateau en cuivre, décor à jour. *20*

9 — Petite Coupe de même travail. *20*

10 — Paire de Flambeaux-cassolettes argentés. *10*

11 — Statuette de Mercure en bronze florentin. *100*

12 — Plaque en fer repoussé et damasquiné. *150*

13 — Petite Horloge avec lion en bronze doré sur socle en écaille (époque Louis XIII). *110*

14 — Cerf en bronze repoussé et finement ciselé. *15*

15 — Petit Coffret du XVIe siècle en bronze gravé. *40*

16 — Pied en bronze, même époque, formé par un ours.

17 — Pied gothique en bronze émaillé.

18 — Oiseau en bronze doré (xvᵉ siècle).

19 — Paire d'Étriers en fer.

20 — Épée en fer du xvᵉ siècle.

21 — Fer de hallebarde avec médaillon.

Orfévrerie, Bijoux, Tabatières et Miniatures

22 — Paire de Flambeaux Louis XVI en argent.

23 — Petit Vidrecôme surpied en argent doré (xvɪᵉ siècle).

24 — Pied de calice en argent doré.

25 — Autre Pied en argent doré.

26 — Encrier également en argent doré.

27 — Parure Louis XIII en or émaillé noir et blanc.

28 — Petit Reliquaire en or émaillé.

29 — Broche, formant pendantifs, ornée de pierres fines.

30 — Petite Montre Louis XVI en or émaillé bleu.

31 — Petite Montre en or, même époque, forme coquille.

32 — Petit Souvenir en émail monté en or.

33 — Bague en or avec saphir et brillants.

34 — Autre Bague en or, avec christ en croix, ornée de roses.

35 — Bas-relief en argent (xvᵉ siècle).

36 — Petit Cadre Louis XIV en argent repoussé.

37 — Coffret en écaille piquée d'or.

38 — Médaillon en argent doré et repoussé.

39 — Autre Médaillon en argent repoussé, avec médaille en or.

40 — Deux Pièces en argent, émail translucide.

41 — Petit Bas-relief en argent doré du xvɪᵉ siècle.

42 — Épingle en or émaillé du xvɪᵉ siècle.

43 — Broche en or avec camée coquille.

44 — Épingle en or avec saphir.

45 — Bague du xvɪᵉ siècle en or émaillé avec jacinthe.

46 — Paire de Boucles d'oreilles Louis XIII argent et strass.

47 — Croix en or et argent émaillé ornée de rubis.

48 — Petit Pendantif avec camée du xvᵉ siècle.

49 — Petit Bijou Louis XIII avec portrait en nacre.

50 — Boîte en cristal de roche montée en or.

51 — Autre Boîte en cristal de roche.

52 — Petite Bague en or avec portrait de la Cenci.

Porcelaiues de Saxe et autres

53 — Très-jolie Garniture de trois vases, avec décors d'enfants et paysages, en ancienne porcelaine de Charles Théodore.

54 — Trois belles et grandes Statuettes en vieux Saxe.

55 — Autre Statuette en vieux Saxe.

56 — Autre Statuette en vieux Saxe.

57 — Deux autres Statuettes de même.

58 — Très-jolie Boîte en Saxe, décors de fleurs et d'oiseaux.

59 — Tasse en ancien Saxe, avec ancienne monture en argent doré.

60 — Très-joli Etui en porcelaine de Chelsea.

OBJETS DIVERS

Ivoires, Bois et Matières dures

61 — Très-curieux petit Coffret en poirier sculpté, orné de bas-reliefs, combat de guerriers. Travail du xive au xve siècle.

62 — Très-curieux Siége du commencement du XVIe
siècle.

63 — Couteau en ivoire, de la même époque, avec lion.

64 — Poudrière en bois sculpté, avec figures.

65 — Bas-relief en buis, enfants, par F. Flamand.

66 — Bas-relief gothique : la Naissance de Jésus.

67 — Petit Flacon Louis XIII en poirier.

68 — Pipe en bois sculpté. Travail du XVIe siècle.

69 — Deux Statuettes d'enfants en ivoire.

70 — Petit Groupe en bois sculpté à jour.

71 — Petit Médaillon avec portrait en ivoire.

72 — Charmante Statuette ivoire avec niche en ébène.

73 — Poudrière en ivoire, montée en bronze (XVIe siècle).

74 — Bas-relief, le Christ, avec cadre en ébène.

75 — Petite Tasse en agate orientale.

76 — Poudrière en fer damasquiné.

77 — Très-beau Mortier en porphyre oriental.

78 — Croix en bois sculpté ornée de figures à l'intérieur.

79 — Plaque en émail Louis XII : Combat de cavalerie.

80 — Miniature : Portrait de Marie Stuart.

81 — Autre Portrait d'Anne d'Autriche.

82 — Miniature anglaise, avec cadre orné de perles.

83 — Petit Médaillon en ivoire découpé du XVIe siècle.

84 — Médaillon en émail : personnage Louis XIII.

Faïences italiennes et autres

85 — Grand Plat d'Urbino à personnages du XVIᵉ siècle.

86 — Autre Plat avec portrait de dame.

87 — Vase en ancienne faïence italienne, fond vert.

88 — Petite Coupe en faïence hispano-arabe.

89 — Deux petites Jardinières en vieux Rouen.

90 — Divers beaux Plats en faïence de Perse seront vendus sous ce numéro.

Renou et Maulde, imprimeurs de la Compagnie des Commissaires-Priseurs, rue de Rivoli, 144.

Objets vendus pour Mr Barre

N°		Qté	Désignation	Prix
2	70	1	1 Groupe bois sculpté	7 50
4		1	[rayé]	4
5		1	Médaille cuivre repoussé	4
6		1	Manche de Couteau Toramane ... tête d'aigle	9 50
7		1	Bataille cuivre émaillé	9 50
8		1	Médaillon bronze repoussé	6
9	35	1	Cadre argent repoussé	14 50
10	71	1	Onctuat sur ivoire	25
11	70	1	Ivoire sculpté	98
12		1	Bijou pendentif argent	21
13		1	Groupe bois sculpté	14
14	76	1	Pendule	17
15	44	1	Bijou avec pierres dures	29
16	21	2	Jardinières Bronze en Rouen	29
17	38	1	Médaillon argent repoussé	71
18	4	1	Porte de montre	22
19		1	Memoire ...	6
20		1	Groupe Bronze Renaissance	21
22		1	Pierre Gothique	22
23	11	1	Boites Émistat	12
24	8	1	Vase Chinois Stalinisme	19
25	3	2	Pieces bronze	19
26	43	1	Broche	60
27	16	1	Cadre Bronze	39
28	30	1	Montre de Dame Louis XVI	132
29	31	1	Montre de Dame forme Coquille	115
30	64	1	Pendule	68
31	47	1	Chaîne montre argent	20
32	46	2	Boucles d'Oreilles Louis XIV	43
33	20	1	Bijou Louis XIV	25
34	28	1	Médaillon or émaillé	130
35	19	2	Étuis	39
36	8	1	Plateau	22
37	67	1	Flacon bois sculpté	48

Nº		Q.té	Désignation	Prix	
38	42	1	Groupe or	65	—
39	88	1	Coupe faïence	90	—
40	571	1	Statuette Saxe	160	—
41	55	1	id	62	—
42	56	1	id	48	—
43	5-	2	id	70	—
44	58	1	Vase Saxe	89	—
45	60	1	Étui	68	—
46	11	1	Statuette bronze	190	—
47	86	1	Pot faïence	180	—
48	61	1	Coffre bas sculpté	450	—
49	66	1	Bas relief	75	—
50	72	1	Bas relief ivoire	130	—
51	77	1	Bronze	250	—
52	14	1	Cuir	70	—
53	5	1	Statuette bronze	75	—
54	23	1	Vidrecome	240	—
55	12	1	Cuvette damasquiné	90	—
56		1	ornement en métal de cloche	49	—
57	35	1	Bas relief bronze argenté	22	—
58		1	Statuette plomb	62	—
59	71	1	Bas relief argenté	60	—
60	73	1	Cendrier	160	—
61		1	Siège gothique	310	—
62		1	Couture de Porteur	165	—
63	85	1	Plat d'Urbino	100	—
64	77	1	ornements	245	—
65		1	Petite table Louis XVI	260	—
66		1	Table marqueterie	76	—
67	6	2	Appliques	109	—
68	1	1	Pendule Louis XVI	250	—
69	10	2	Flambeaux cuivre argenté	69	—
70	22	2	Flambeaux Louis XVI argenté	200	—

N°		Qté	Désignation	Prix
71		2	Pièce argent émaillé	46
72	15	1	Coffret [illisible]	40
73	50	1	Boîte	96
74	69	1	Statuette ivoire sculpté	39
75	7	1	[illisible]	49
76	9	1	Pastel [illisible]	38
77	87	1	Vase [illisible]	29
78		1	[illisible] jaune [illisible]	60
79	84	1	Médaillon	65
80	27	1	Collier or émaillé	146
81	25	1	Pied argent repoussé	50
82	44	1	Épingle saphir	40
83	52	1	Bague	28
84	45	1	Bague	29
85	33	1	Bague avec Brillants	45
86		1	Clef [illisible]	41
87		1	Sonnette	55
88		1	Appliqué	37

662 "

9 782329 502601